AF375591

EL CUADRO DE MANDO INTEGRAL

Mejore su reflexión estratégica

Por Alice Sanna
En colaboración con Amicie de Quatrebarbes
Traducido por Marina Martín Serra

Economía y empresa 50MINUTOS.es

LAS CLAVES PARA EL ÉXITO

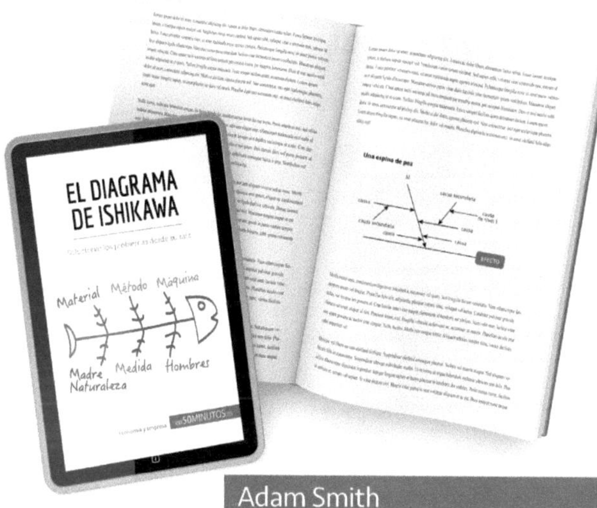

Adam Smith

El principio de Pareto

El estrés laboral

La pirámide de Maslow

www.50minutos.es

CUADRO DE MANDO INTEGRAL

DATOS CLAVE

- **¿Denominaciones?** Cuadro de mando integral (CMI), *balanced scorecard* (BSC).
- **¿Utilidad?** El cuadro de mando integral ayuda a establecer un vínculo entre los objetivos a largo plazo de una empresa y sus actividades diarias. Se trata de una herramienta de ayuda a la reflexión estratégica que permite adaptarla teniendo en cuenta su enfoque global.
- **¿Por qué es eficaz?** El cuadro de mando integral ofrece a los mánagers, a los empleados y a los accionistas una visión transversal global de la empresa (basada tanto en los aspectos financieros como en los que no lo son). El cuadro de mando integral deja claros los objetivos a corto y largo plazo y las estrategias, además de asegurar la coherencia entre las actividades cotidianas y la visión global de la empresa

- **¿Palabras clave?**
  - <u>Indicador</u>: información cualitativa o cuantitativa que muestra la variación de una variable (económica, financiera, etc.) relativa a un momento determinado.
    - * <u>El indicador de medio</u> calcula los recursos que han sido o serán necesarios para ejecutar un objetivo.
    - * <u>El indicador de resultado</u> permite medir el rendimiento de la empresa en sentido estricto.
  - <u>Rendimiento</u>: la capacidad de una empresa para conseguir sus objetivos mediante el uso de medios adecuados con los costes más bajos posibles.
  - <u>Variable</u>: elemento que puede tomar valores diferentes en función del conjunto/medio en el que evoluciona.

INTRODUCCIÓN

Historia y contexto

Ya antes de los años ochenta, las empresas disponen de cuadros de mandos presupuestarios y financieros, desarrollados principalmente por empresas de *trading* y por empresas industriales. No obstante, estos se basan a menudo en informaciones estadísticas basadas en resultados obtenidos en el pasado y no tienen en cuenta la importancia de los indicadores operacionales, humanos y de clientes. David P. Norton (nacido en 1941), cofundador de la empresa de consultoría en estrategia informática Nolan, Norton & Company, y Robert S. Kaplan (nacido en 1940), profesor en la Harvard Business School, han elaborado el *balanced scorecard* (BSC), también llamado «cuadro de mando integral» (CMI), para mitigar esta problemática. Oficialmente, esta herramienta que combina estrategia y gestión se crea en 1992 con la publicación del artículo «The Balanced Scorecard. The Measure That Drive Performance», escrito por los dos economistas estadounidenses para la *Harvard Business Review.*

En realidad se trata de un resumen de las conclusiones obtenidas en un estudio —largo, de un año de duración, llevado a cabo en varias empresas— centrado en los medios con los que cuentan los mánagers para medir el futuro rendimiento de sus empresas. La idea del proyecto de Norton y Kaplan se presenta cuando se constata la diferencia entre los sistemas tradicionales de medida del rendimiento, basados en indicadores únicamente financieros, y las necesidades de las empresas modernas.

Definición del modelo

El CMI es un cuadro de mando que ofrece una perspectiva global de los objetivos y la estrategia de una empresa, a corto y a largo plazo, gracias al establecimiento de una serie de indicadores de rendimiento. Estos cuantifican y miden los proyectos y las misiones de la empresa. El elemento innovador de esta herramienta de gestión se encuentra en un análisis basado en cuatro dimensiones:

- **el punto de vista financiero.** ¿Qué expectativas tienen los accionistas de la empresa?
- **la dimensión humana,** que engloba a los clientes, a los socios y a las partes interesadas. ¿Cómo se debe percibir a la empresa para que logre sus objetivos?
- **los procesos organizativos internos.** ¿Qué procesos organizativos se deben aplicar para que la empresa sobresalga?

- **la dimensión aprendizaje, crecimiento e innovación.** ¿De qué manera va a mantener la empresa su capacidad de cambio y de innovación?

¿Sabías que...?

La aplicación del *balanced scorecard*, que se inspira en los marcadores utilizados para los partidos de béisbol y de baloncesto, determina los resultados en función de las combinaciones de diferentes variables. Por tanto, un análisis global posterior se revela necesario para conocer el verdadero impacto del cuadro.

TEORÍA Y PRESENTACIÓN DEL CONCEPTO

Al inicio de los años ochenta, nuestra civilización pasa de la era industrial a la de la información. En este contexto, las empresas tienen que imponerse en un mercado cada vez más globalizado en el que la satisfacción de los clientes representa una ventaja competitiva considerable. Este cambio altera por completo la forma de gestionar una empresa.

A partir de este momento se vuelve difícil contar con un sistema de gestión basado únicamente en medidas de evaluación económicas y financieras. Las herramientas presupuestarias utilizadas hasta el momento ya no bastan porque pasan por alto algunas dimensiones: los objetivos comerciales, los relacionados con la producción y, finalmente, los recursos humanos.

En este contexto, Kaplan y Norton proponen una herramienta de gestión automática que recupera las dimensiones esenciales. Cada una de estas posee sus propios objetivos con sus indicadores de rendimiento que subrayan los puntos críticos donde las empresas tienen que intervenir para poder prever el declive. El CMI pone en práctica un equilibrio que permite integrar y equilibrar los diferentes indicadores.

En su obra *Cuadro de mando integral* (1996), los economistas establecen una comparación entre el CMI y el sistema de control de un avión. En su ejemplo, evocan un escenario catastrófico: en pleno vuelo, un piloto se concentra únicamente en la velocidad del viento, sin preocuparse por los niveles de combustible o la altitud del aparato. El piloto justifica su conducta explicando que no puede ocuparse de todos los parámetros a la vez, lo que no contribuye para nada a la tranquilidad de sus pasajeros.

Lo mismo ocurre con las empresas: no pueden descuidar ciertas variables de su gestión si lo que desean es poder determinar y controlar la conjetura general de su organización. Como en un avión, hay que tener varios instrumentos de a bordo que permitan identificar plenamente nuestro objetivo y la forma de lograrlo.

El método del CMI es algo más que un simple mecanismo de medición del rendimiento operacional. La coexistencia de los cuatro ejes de análisis, así como la relación que se establece de manera continua entre la perspectiva actual y futura de la empresa, conforman el aspecto dinámico del cuadro de mando. Todas las perspectivas están vinculadas mediante una relación de causa-efecto, a veces llamada «cadena causal», que determina con el tiempo los resultados finales y permite explicar las diferencias observadas entre los resultados reales y los objetivos fijados en un principio. El cuadro de mando integral se utiliza como un sistema de gestión estratégica a largo plazo.

Los creadores de este cuadro identificaron cuatro ámbitos de actuación interdependientes que, en su opinión, afectan al rendimiento de una empresa:

* **la dimensión económica.** ¿De qué manera nos perciben nuestros accionistas?
* **la dimensión clientes.** ¿Están satisfechos nuestros socios?
* **la dimensión organizativa interna.** ¿En qué áreas se destaca a nivel interno? ¿Cuáles son

nuestras fortalezas? ¿Qué procesos organizativos se tienen que aplicar para lograr lo que la empresa ambiciona?

- **la dimensión crecimiento, aprendizaje e innovación**. ¿Qué hace la empresa para apoyar y desarrollar su capacidad de adaptación, de innovación y de crecimiento?

El cuadro de mando integral

Cada perspectiva consta de indicadores:

- indicadores de medios que calculan los recursos necesarios para la consecución del objetivo;
- indicadores de resultados que calculan el rendimiento de la empresa en sentido estricto.

DIMENSIÓN ECONÓMICA

Esta dimensión se basa en la convicción que el objetivo a largo plazo de una empresa siempre es maximizar el rendimiento para los accionistas. Para permitirlo, la empresa pone en práctica diferentes estrategias que tienen como objetivo un aumento de los ingresos y de la productividad.

La mayor parte del tiempo, los objetivos económicos preconizan:

- el aumento de los ingresos (el *cash-flow* —es decir, la liquidez generada por las actividades de una empresa—, el volumen de negocios, etc.);
- la mejora de la productividad y del margen;
- la reducción de los costes;
- un uso eficaz de los activos;
- una óptima gestión de los riesgos, etc.

Se entiende que los objetivos de rendimiento económico de una empresa varían mucho dependiendo de la etapa de desarrollo de esta (etapa de crecimiento, desarrollo y madurez) y de sus objetivos estratégicos (aumento de los ingresos y de la cuota de mercado del producto, reducción de los costes y/o aumento de la productividad, mejora del uso de los activos de la empresa y retorno sobre la inversión).

DIMENSIÓN CLIENTES

Esta dimensión suele ofrecer a los mánagers una perspectiva global de las diferentes actividades de la empresa y de los segmentos de consumidores y de los socios específicos para cada actividad. Tiene que permitir medir, por un lado, la valoración que el consumidor hace de los productos y, por el otro, la eficacia de los procesos comerciales que buscan responder a las expectativas y necesidades del cliente.

La empresa adapta su estrategia y toma medidas que considera necesarias para intentar convertirse en el *top of mind* (el líder en un mercado a ojos del «cliente objetivo»): a veces se centra en la calidad y en el precio, otras veces en el producto, en el servicio, etc.

Los indicadores (de resultados y de medios) más utilizados son:

- la cuota de mercado;
- la fidelidad de los clientes;
- el número de nuevos clientes;
- el nivel de satisfacción de los clientes;
- la rentabilidad por segmento;
- el beneficio por cliente;
- el número de quejas, etc.

Idealmente, las empresas tienen que definir indicadores de rendimiento y objetivos en todas sus áreas de actividad. Sin embargo, la mayoría de estos indicadores son indicadores *ex post* (definidos *a posteriori*). Para solucionarlo, los mánagers tienen que centrarse también en la creación de una propuesta de valor única que depende a menudo de tres variables:

- los atributos del producto o del servicio;
- la relación con el cliente;
- la imagen y la reputación.

Sobre esta base, el objetivo de los mánagers debe ser siempre el desarrollo de una propuesta de valor superior a los clientes que son su objetivo.

DIMENSIÓN ORGANIZATIVA INTERNA (PROCESOS INTERNOS)

Este eje aporta al mánager una visión global del funcionamiento interno de su empresa. Permite, por un lado, identificar los procesos internos que generan —ya sea directa o indirectamente— la satisfacción de los clientes y, por el otro, percatarse de las competencias clave y de los ámbitos en los que la empresa sobresale.

Cada actividad corresponde a una cadena de valor por la que se crea y se entrega valor a los clientes. Tener en cuenta la dimensión organizativa asegura que el mánager organice los procesos internos de manera coherente con respecto a los objetivos de la empresa y a las expectativas de los clientes.

En la mayoría de las empresas, la cadena de valor está formada por:

* **los procesos operacionales,** que se centran en la eficacia de los procesos actuales (eficiencia, plazos, costes, etc.);
* **los procesos de innovación,** que tienen un impacto significativo en la capacidad de innovación de la empresa. Se centran en las necesidades futuras de los clientes así como en la manera de crear propuestas de valor únicas;
* **los procesos de entrega y distribución,** que se centran en la manera que tienen los consumidores de entrar en contacto con la empresa y que se aseguran de que su experiencia como clientes sea óptima.

Esta dimensión del cuadro de mando integral, que refleja el rendimiento de los procesos organizativos de la empresa, tiene como objetivo asegurarse de que esta se ajusta a las expectativas actuales y futuras de los clientes. Así pues, define indicadores relativos a los procesos de innovación, a los procesos operacionales y a los procesos de entrega y distribución.

DIMENSIÓN CRECIMIENTO, APRENDIZAJE E INNOVACIÓN

Esta dimensión es importante ya que tiene en cuenta el entorno necesario para permitir el buen desarrollo de las tres otras dimensiones. Parte del principio de que la capacidad de una empresa para cumplir sus objetivos financieros, de clientes y de procesos dependerá directamente de su capacidad de innovar, desplegar nuevas competencias y desarrollarse.

En este contexto, los indicadores utilizados para esta dimensión están relacionados principalmente con tres grandes categorías:

- **el personal**. Las competencias del personal de la empresa tienen un impacto directo en su rendimiento. Así, deben satisfacer las necesidades (actuales y futuras) de la empresa siempre que les sea posible. Los indicadores más usados son relativos a la satisfacción del personal, a las necesidades de formación, a la tasa de rotación del personal, etc.;
- **los sistemas de información.** La capacidad de una empresa para disponer de la tecnología de la información adecuada es crucial. Es impor-

tante poder analizar la coherencia entre las necesidades de la empresa y el rendimiento de la tecnología y de los procesos de tratamiento de la información con los que cuenta;
• **la coherencia organizativa.** La adecuación de los procesos de toma de decisiones con las expectativas y necesidades de los clientes es primordial para que un personal bien formado pueda ser eficaz. El personal debe seguir siendo el motor de la empresa y situarse en el centro de la toma de decisiones. Asimismo, es necesario crear un entorno coherente que permita a los empleados conservar su libertad de acción y su autonomía de decisión.

El cuadro de mando integral garantiza que se planifiquen y realicen las inversiones necesarias a nivel tecnológico, humano y en términos de procesos. Disponer de indicadores que proporcionen información sobre este aspecto de una empresa es vital, puesto que el crecimiento futuro de la empresa depende directamente de su capacidad de innovar, de adaptarse y de generar oportunidades.

LÍMITES DEL MODELO Y EXTENSIONES

Aunque el cuadro de mando integral fue presentado como una herramienta para la gestión y el control eficiente y eficaz de una empresa, algunos científicos expertos en *dynamic system* («sistema dinámico»), los holandeses Henk Akkermans y Kim van Oorschot, y Barry Richmond (neuropsicólogo estadounidense, 1947-2002), muestran algunas reticencias y cuestionan la validez del modelo. Los límites del CMI se resumen en los siguientes tres puntos:

- **algunas partes interesadas se descuidan**. El cuadro de mando integral no tiene en cuenta a todas las partes interesadas de una empresa. Más que un fallo del modelo, a menudo se trata de un problema de implementación: en muchas ocasiones, los que aplican el cuadro de mando integral se limitan a hacerlo como si fuera una «receta milagrosa». Ya que el modelo se concentra sobre todo en los accionistas y los clientes, los mánagers pueden tender a ignorar a los otros actores de la empresa, como los proveedores. Por lo tanto, conviene que cada empresa considere cuáles son sus propias peculiaridades cuando elabora su cuadro de mando integral;

- **una relación de causa-efecto inexistente**. Una de las hipótesis establecidas por el modelo del cuadro de mando integral es que existe un vínculo de causa-efecto. Algunos especialistas, como Barry Richmond, critican la simplicidad con la que se establece esta relación, y defienden que el modelo es estático y no tiene en cuenta los proyectos futuros de la empresa;

- **un entorno externo no integrado**. Aunque el CMI incorpora algunas variables externas a la empresa, estas son poco numerosas. Constatamos en la práctica que, en la mayoría de los casos, los indicadores integrados hacen referencia únicamente a elementos dentro de la empresa, subestimando por completo el impacto del entorno en el que esta evoluciona.

APLICACIÓN DEL CONCEPTO

CONSEJOS Y BUENAS PRÁCTICAS

En su superventas *Cuadro de mando integral* (1996), Norton y Kaplan presentan un plan de desarrollo sistemático del modelo en cuatro etapas. Hay que recordar, sin embargo, que cada empresa es única y que conviene aplicar la metodología que mejor se adapte a los diferentes sistemas.

Primera etapa — Traducción de la estrategia en objetivos estratégicos

Hay que escoger la unidad operacional, es decir, un departamento específico de la empresa, que servirá de base para la elaboración del cuadro de mando integral. Para permitir la formulación de una estrategia autónoma coherente, es altamente recomendable identificar una unidad afectada por una cadena de proceso completa, incluyendo la innovación, la producción, el márketing, la venta y el servicio. En general, se considera que una unidad operacional, que posee una estrategia para cumplir su misión, es una candidata válida para un cuadro de mando integral.

Cuando la unidad operacional ha sido seleccionada, sus responsables tienen que determinar la información esencial en el seno de su departamento, lo que a continuación permitirá armonizar los objetivos y medidas adoptados por y para el conjunto de la empresa. En concreto, necesitan definir los objetivos financieros (en especial el crecimiento y la rentabilidad), los valores y las perspectivas de la empresa (del entorno a la seguridad y al personal, pasando por la innovación y la competitividad) y finalmente las relaciones entre las diferentes partes interesadas (clientes, proveedores, empleados, etc.).

Segunda etapa — Comunicación de los objetivos y vínculo entre los indicadores y los objetivos estratégicos

La segunda etapa se organiza en tres fases. La primera consiste en presentar un esbozo del proyecto del CMI a los dirigentes de la unidad operacional para abrir el diálogo. Este periodo de reflexión y de intercambio constructivo entre los dirigentes y el «arquitecto» (el que dirige el proyecto del CMI) permite que este último se percate de las preferencias del equipo.

Después de esta recopilación de información, hay que pasar por una fase de síntesis para establecer una primera lista de objetivos potenciales del proyecto. Ya en esta fase, hay que analizar las relaciones de causa-efecto entre los diferentes objetivos de la empresa.

La última fase de esta etapa es la creación de un primer consenso del proyecto del cuadro de mando integral. El encargado de estudiar cada objetivo por separado es el comité ejecutivo, que identifica tres o cuatro objetivos por pilar (económico/financiero, clientes, procesos internos y aprendizaje/innovación), para proporcionar una descripción detallada de las medidas posibles para cada uno de ellos. En esta fase, una pregunta domina a las otras: si el proyecto y la estrategia son eficaces, ¿cuáles pueden ser los resultados potenciales para los accionistas, los clientes, los procesos internos y el crecimiento de la empresa? Dicho de otra forma, se trata de determinar las relaciones de causa-efecto de cada estrategia/ actividad en función de los diferentes objetivos estratégicos.

Tercera etapa — Planificación, fijación de objetivos y alineación de objetivos estratégicos

Los dirigentes transmiten la síntesis que se ha escrito en la etapa precedente a todos los subgrupos con el objetivo de volver a trabajar en algunos planteamientos de misiones, de confrontar las ideas, de definir las fuentes de información (y su acceso) necesarias para la aplicación de las medidas propuestas y de anticiparse a los impactos entre estas.

El arquitecto del proyecto escoge con su equipo las medidas del CMI que mejor expresan las intenciones estratégicas, a razón de una por estrategia. Sin embargo, algunos indicadores —el volumen de negocios, el volumen de ventas, etc.— son comunes en todos los CMI. Este trabajo incluye elaborar:

• una lista detallada de los objetivos por subgrupo en función del eje del que tienen la carga;

- una representación de los medios de cuantificación para cada medida;
- un gráfico que exponga las relaciones entre las medidas y/u objetivos según los ejes.

El comité ejecutivo se reúne una segunda vez con todos los miembros de la dirección, los colaboradores directos y todos los intermediarios. El objetivo de esta reunión es analizar de nuevo (esta vez con un número de participantes mucho más alto, sobre todo si se trata de una empresa grande) el proyecto, las orientaciones estratégicas de la empresa y los objetivos y medidas propuestas por el CMI. A partir de estos debates y análisis, se redacta un folleto informativo para comunicar a todos los empleados las nuevas intenciones y el contenido del cuadro de mando integral. El reto principal es animar a los empleados a establecer metas ambiciosas para cada medida propuesta.

Cuarta etapa — Estimulación para el *feedback* y adaptación del proceso

En esta fase, el proyecto del CMI está listo y toda la empresa lo conoce y lo aprueba. Ahora es necesario determinar un plan de aplicación de las medidas para concretar los objetivos definidos en las dos primeras reuniones del comité ejecutivo. El vínculo entre las medidas y las bases de datos es un detalle que no se debe pasar por alto para que todos los niveles de la empresa permanezcan informados sobre el CMI y puedan reflexionar sobre posibles ampliaciones de las primeras medidas. Para que el CMI sea eficaz y funcional, es importante adaptar los indicadores y las medidas aplicadas en base al *feedback* que se ha recibido.

Una tercera y última reunión del comité ejecutivo valida definitivamente el proyecto, sus objetivos y sus medidas. Aquí también se establecen las primeras medidas e iniciativas que hay que lanzar para alcanzar los objetivos. Al final de la reunión el comité comunica igualmente el programa definitivo a los empleados y cómo se integrará al sistema de gestión de la empresa. Esta etapa concluye el proceso y hace que el CMI sea efectivo en la empresa. El CMI se integra en el sistema de gestión para centrarse en las prioridades que ha definido.

Conclusión

Esta descripción muestra, paso a paso, la elaboración de un cuadro de mando integral. Obviamente, este recorrido varía en función de la tipología y, sobre todo, del tamaño de la empresa/organización que busca implantar el modelo. Además, el plazo de la aplicación efectiva de las medidas varía dependiendo de los organismos: puede ser diferente en función de las exigencias de los participantes en las reuniones de carácter decisorio y de los obstáculos —talla humana (motivación, competencias y polivalencias de los perfiles, consenso entre los miembros, etc.), fiabilidad de los indicadores y tiempo necesario para la recopilación de información—.

De manera general, Norton y Kaplan afirman que un proyecto de CMI se extiende a lo largo de 16 semanas. Este periodo de tiempo permite que los miembros del equipo directivo reflexionen —cuando puedan hacerlo, ya que no trabajan a tiempo completo en esta problemática— sobre la evolución estructural del proyecto y la de la estrategia y del sistema de información, así como sobre las repercusiones en los procesos de gestión.

ESTUDIO DE CASO — MICROSTART

Contexto

Este caso práctico analiza a la empresa microStart, una asociación sin ánimo de lucro. Por definición, para aplicar el cuadro de mando integral a microStart se tendrá que tratar la dimensión económica de forma adaptada.

PRESENTACIÓN DE LA EMPRESA

microStart es un organismo activo en la microfinanza desde el año 2010 que ayuda a personas excluidas del sistema bancario tradicional a crear una actividad independiente. La creación de microStart se inspiró en el gran éxito de Grameen Bank, fundado en 1976 por Muhammad Yunus (economista de Bangladesh nacido en 1940, que recibió el Premio Nobel de la Paz en 2006). El modelo del Grameen Bank lo adaptó en Europa a finales de los años ochenta Maria Nowak (economista especializada en el microcrédito, nacida en 1935), que creó en Francia la Asociación para el Derecho a la Iniciativa Económica (Adie) en 1989. La Adie es actualmente líder en Europa occidental.

En 2010, la Adie y BNP Paribas Fortis, filial belga del grupo BNP y principal banco de Bélgica, crean conjuntamente microStart *scrl-fs*, cuyo programa piloto tiene por objetivo aportar una respuesta innovadora a los fundadores de empresas bruselenses.

microStart, que opera en Saint-Gilles y en Schaerbeek (dos municipios de la región de Bruselas), cuenta con 9 empleados y 50 voluntarios. Actualmente, la asociación sin ánimo de lucro ha concedido 350 créditos (con una tasa de reembolso del 95 %).

La visión y las misiones de la asociación sin ánimo de lucro microStart, conocidas por los miembros de la organización y también por los beneficiarios, son las siguientes:

* **visión**: proporcionar un acceso al crédito a aquellos que han sido excluidos del sistema bancario tradicional y favorecer la ayuda a la creación y al desarrollo de las ideas empresariales;

- **misiones**:
  - financiar a los microempresarios excluidos del sistema bancario clásico que desean crear o desarrollar una actividad independiente;
  - acompañar a los microempresarios antes, durante y después de la creación de su empresa para asegurar la continuidad de la misma;
  - contribuir a la mejora del entorno institucional del microcrédito y de la creación empresarial.

Cuadro de mando integral de microStart

Para microStart, el cuadro de mando integral es una herramienta de gestión y de programación primordial. Utilizado diariamente, actúa como referencia a la hora de tomar decisiones importantes. Además, la organización microStart, que elabora su estrategia a largo plazo, se centra principalmente en el carácter innovador y humano para determinar su cuadro de mando integral. Para proporcionar a los mánagers una visión global de su actividad, microStart presenta a continuación sus misiones y valores mediante múltiples indicadores en las dimensiones de clientes, procesos internos y aprendizaje. Naturalmente, y como ocurre en todas las organizaciones, microStart tiene la necesidad continua de evaluar su rendimiento.

Gracias al análisis general y cruzado de los cuatro ejes obtenemos una evaluación completa de su actividad. Cada perspectiva presenta varios objetivos estratégicos que se traducen en actividades, medidas por indicadores que han sido seleccionados a partir de varias sesiones del comité ejecutivo.

• **Perspectiva económica.** microStart garantiza la eficacia de la gestión de los costes poniendo a disposición los recursos financieros necesarios para los créditos destinados al apoyo de las nuevas actividades.
  ◦ Objetivo(s): hacer que los recursos económicos estén disponibles para el crédito.
  ◦ Responsable(s): scrl (sociedad cooperativa de responsabilidad limitada).
  ◦ Indicadores utilizados y aplicados: tasa de reembolso y cartera.
• **Perspectiva de clientes.** microStart quiere aumentar sus clientes, satisfacer las expectativas de los actuales (facilidad de crédito, condicio-

nes de reembolso, comodidad y respeto de las
condiciones, asesoría y formación) y mejorar la
situación económica, financiera y social.

- ◦ <u>Objetivo(s)</u>: aumentar los clientes, responder a sus expectativas, ofrecer formaciones.
- ◦ <u>Responsable(s)</u>: scrl.
- ◦ <u>Indicadores utilizados y aplicados</u>: el número de clientes activos, la fidelidad de los clientes, el número de quejas, el número de nuevos clientes que vienen gracias al boca a boca, el número de clientes formados, etc.

- **Perspectiva procesos internos.** En este caso, los aspectos más importantes para la asociación son el control de la gobernanza, la responsabilidad social y la transición homogénea entre microStart y microStart asbl («asbl» son las siglas en francés de «asociación sin ánimo de lucro»).

- ◦ <u>Objetivo(s)</u>: gobernanza y responsabilidad social.
- ◦ <u>Responsable(s)</u>: scrl.
- ◦ <u>Indicadores utilizados y aplicados</u>: el número de miembros formados en la Asamblea General.

- **Perspectiva aprendizaje e innovación.** microStart da mucha importancia al hecho de garantizar la formación de sus empleados para aumentar su motivación y desarrollar una cultura de empresa que se corresponda con su misión y su objetivo estratégico.
  - Objetivo(s): motivación, diversidad del personal, formación.
  - Responsable(s): scrl y asbl.
  - Indicadores utilizados y aplicados: tasa de rotación del personal, análisis de la satisfacción del personal, número de horas de trabajo prestadas por el personal voluntario.

EN RESUMEN

- El cuadro de mando integral (CMI) es una herramienta de estrategia y de gestión ideada en 1992 por David P. Norton y Robert S. Kaplan.
- El CMI es un nuevo instrumento de evaluación del rendimiento y de mejora de la gestión en la empresa.
- Este método innovador ofrece una perspectiva global de la empresa a los mánagers, ya que se interesa por los resultados financieros, por los clientes, por los procesos internos y por el concepto de aprendizaje dentro de la empresa. El análisis cruzado de los cuatro ejes invita a las partes interesadas a darse cuenta de todas las especificidades de la empresa con el fin de que no se pase por alto ningún aspecto.
- Todas las perspectivas están vinculadas entre ellas por una relación causa-efecto y los resultados finales se calculan a partir de indicadores personalizados que traducen los hechos en cifras.

- El cuadro de mando integral se utiliza como un verdadero sistema de gestión estratégica a largo plazo.
- Algunos economistas consideran que el modelo tiene sus límites: se descuidaría alguna parte interesada, la relación causa-efecto sería inexistente y el entorno externo no estaría integrado.

¡Tu opinión nos interesa!
¡Deja un comentario en la página web de tu librería en línea,
y comparte tus favoritos en las redes sociales!

PARA IR MÁS ALLÁ

FUENTES BIBLIOGRÁFICAS

- Akkermans, Henk y Kim van Oorschot. 2005. "Relevance Assumed: A Case Study of Balanced Scorecard Development Using System Dynamics". *Journal of the Operational Research Society*, vol. 56, n.° 8, 931-941.

- Guillot, Lionel. *Le Balanced Scorecard*. Consultado el 27 de febrero de 2018. http://lionelguillot.typepad.com/scmblog/files/rapport_bsc.pdf

- Kaplan, Robert y David Norton. 1996. *The Balanced Scorecard: Translating Strategy Into Action*. Boston: Harvard Business School.

- Kaplan, Robert y David Norton. 1998. *Le Tableau de bord prospectif. Pilotage stratégique: les 4 axes du succès*. París: Éditions d'Organisation.

- Olve, Nils-Göran, Carl-Johan Petri, Jan Roy y Sofie Roy. 2013. *Making Scorecards Actionable: Balancing Strategy and Control*. Chinchester: Wiley.

- Richmond, Barry. 1994. "System Dynamics/ Systems Thinking. Let's Just Get On With It". *System Dynamics Review*, n.° 10, 2-3.

- Tonchia, Stefano y Luca Quagini. 2010. *Performance Measurement. Linking Balanced Scorecard to Business Intelligence.* Berlin: Springer.

- de Visscher A., M. Robberechts y J. Shyirambere. 2013. "The Key Performance Indicators for microStart Social Performance and Impact Analysis". Informe de microStart.

50MINUTOS.es

www.50Minutos.es

ISBN ebook: 9782806274519

ISBN papel: 9782806285522

Depósito legal: D/2016/12603/488

Libro realizado por Primento, el socio digital de los editores